그리운 추억

표지와 본문에 들어간 그림과 컷은 저자의 부인이신 정옥석 작품임.

연보랏빛 그리움

조영송 시집

도서출판 배문사

〈시인의 말〉

기억의 편린 더듬어

　사람들은 자신을 나타내고 삶의 흔적을 남기고 싶어하는 본능을 가지고 있는 것 같다.
　특히 나이가 들어서는 살아왔던 과정이야 어떠했든 고향이 그리워지고 부모 형제, 어릴 적 뛰놀던 죽마고우들이 그리워진다.
　엊그제 산수傘壽를 맞이해 가족, 친구들과 막걸리를 나누며 지난 세월의 정을 더듬었는데 어느새 미수米壽가 눈앞에서 손짓하고 있다.
　나이는 숫자에 불과한 것이라며 나이듦을 자위해 왔으나 숫자가 높아질수록 일상에 다소 어눌해짐을 속일 수 없다.
　고향의 붉은 저녁노을, 부모님 이마에 깊이 새겨진 세월의 흔적, 철없던 친구들의 소박한 웃음이 생각날 때마다 여기저기 치부해 놓았던 기억들, 그리고 월남전 참전 시절 적탄에 맞아 쓰러지면서도 집에 가고 싶다고 외치던 전우의 모습, 6 · 25 한국전쟁 참전 영웅들을 보내는 선양행사 등 틈틈이 마음속에 묻어 놓았던 기억의 편린을 한데 모아 보았다.

노인이라 치부하고 들어 앉아 있으면 일상이 점점 수렁에 빠질 것만 같다.

용기를 내어 글 모음집을 내면서도 노욕老慾이라 비웃을까 망설이기도 했지만 오십 평생을 넘게 살아오는 동안 가정을 알뜰히 지키면서 아들 딸들을 남부럽지 않게 키우느라 고생한 아내의 끈질긴 격려가 큰 힘이 되었다.

활활 타오르던 열정도 이제는 사그라드는 불씨로 남아 있지만 그 불씨가 꺼지지 않기를 소망해 본다.

인생은 누구나 희로애락 속에서서 살아가지만 그 과정에서 나의 글이 조금이라도 공감대가 되었으면 하는 외람된 기대도 가져본다.

그동안 관심을 가져주시고 격려해주신 김용언 대표님, 장철주 선생님 등 〈현대작가〉 관계자들, 도서출판 배문사 임직원에게 고맙다는 인사를 드린다.

2025년 4월   조 영 송

차 례

1부
세월 속에 묻어둔
기억들 피어오르는데
향기 실은 실바람
어디로 가는가

011— 살구꽃 내 고향
018— 머그잔에 봄 향기를
020— 연보랏빛 그리움, 어머니
022— 문풍지에 남겨진 향기
024— 능소화 연민
026— 여백
027— 영춘화迎春花
028— 그리움 호리병에 담고
029— 새벽길
030— 들꽃 피우리

어느 여인에게 —031
안개꽃 사연 —032
살아간다는 이유 —033
자화상 —034
들꽃 사랑 —036
사모의 정 —037
쪽마루 푸른 미소 —038
밤비 —039
잔인한 선물 —040
가을 여인 —041

2부
그리움은 향기되어
어디로 가는가
그대 향한 열정
가슴에 불타고 있는데
…

045— 수박 의미
046— 세월 강江 1
048— 세월 강江 2
050— 아카시아꽃 피는 언덕
053— 김포공항
054— 당신 꽃 사랑
056— 이팝나무 하얀 미소
058— 자줏꽃 방석
060— 패랭이꽃

시민의 강 —062

아버지의 훈장 —064

오월 —066

6월의 산고 —067

인생 완행열차 —068

내 고향 간이역 —070

지평선은 말이 없다 —072

황혼 연가 —074

무제 —075

오늘의 단상 —076

3부
옷깃 치켜세우고
오뚜기처럼 일어나
길 가리라

081— 세월이 흐른 뒤
082— 억새의 노래
084— 가을이 가네 세월이 흐르네
086— 눈물의 백설기 떡
087— 나목裸木
088— 안동역 추억
090— 지평선
092— 가을 여인 코스모스
093— 세월길 따라가는 길손

헬로윈 골목길 —094
가을 유혹 —096
세월의 흔적 —098
아기 원추리꽃 전설 —100
그대여 내게로 오라 —102
세월 미워요 —103
삶이 저무는 길섶에 서서 —104
여명과 저녁노을 —106
겨울비 —107
섣달 그믐 —108

4부
남는 자의 슬픔
강물처럼 흐르고
별들의 속삭임 귓가에
맴돈다

111— 쌍무지개 뜰 때까지
112— 귀국명령 '신고합니다'
114— 같은 하늘 밑
116— 조국에 사은謝恩
118— 남국의 밤
119— 삼팔선이 가시되어
120— 남은 자의 슬픔
122— 이끼 낀 비목碑木
123— 삶의 애착
124— 모든 영예 당신의 것

잡초의 혼 —126

나그네 들녘길 —128

그리움 흘려버리고 —129

무명용사의 영전에 —130

망구望九의 망루望樓에 서서 —132

빈잔에 못다한 우정을 —134

빗소리 소고小考 —136

세월을 앞세우고 —137

오늘이 마지막일지라도 —140

〈평설〉
서정적 이미지의 지고지순한 연보랏빛 시화詩化 —141

1부

세월 속에 묻어둔
기억들 피어오르는데
향기 실은 실바람
어디로 가는가

살구꽃 내 고향

어머니는
고향이다
고향 하늘 바라보면
어머니 얼굴이 떠오르고
어머니를 생각하면
살구꽃 활짝 웃는
고향 언덕 그리워진다

세상에서 가장 소중한
내 안의 보물
물결처럼 자리잡은
어머니 주름살과
황토흙 질퍽이는
살구꽃 언덕길

봇물처럼 쏟아져 내린 세월 속에
어머니와 고향은
내 가슴 깊은 곳에
연분홍 살구꽃 추억으로 그려진
한 폭의 수채화.

머그잔에 봄 향기를

사월의 베란다
살포시 내려앉은 아침햇살
투박한 머그잔에
봄 향기 타 마셔본다

습관처럼 즐기던
아메리카노 커피향보다
더 순하고 어릿한
사월의 향기가 흐른다

겁 없이 흘러온 세월
순박했던 첫사랑의
향기로운 물결처럼
가슴에 적셔온다

그대여
수많은 갈래의 바람결 움켜쥐고
살며시 가슴 열어젖힌 여인의
볼우물 닮은 해맑은 봄날
한결같이 한결같이

아프지 말고
서글퍼 하지도 말고
괴로워 하지도 말고
외로워 하지도 말고
더군다나 슬픈 이별만은
하지 말자

초록 향기 가득한 사월에
나지막한 언덕에라도 올라
어릴 적 그리움도 불러보자
해맑은 웃음도
간간이 스쳐 가는
향기 실은 실바람은
어디만큼 가고 있는가.

연보랏빛 그리움, 어머니

구름도 흘러가다
목말라 머무는 곳
저녁 노을 붉어지면 굴뚝에
주름살 깊게 패인
어머니 모습 아련하다

아궁이 불씨 꺼질세라
호호 불던 어머니 가슴
금세 타버린 재가 되어
눈가에 얼룩진다

이맘때면 서울 간 자식이
낡아 비뚤어진 싸리문 살며시 밀고
금방 들어설 것 같은 예감 때문에

밥 타는 줄 모르고 불만 지피던 어머니
"아이고머니나, 밥이 다 타가네…"
솥뚜껑 밀어 여는 소리
구수한 밥 탄 내음이

눈물과 땀으로 뒤범벅된
어머니 얼굴…

소리 없이 들어선
아들의 모습이 파노라마 되어
어머니의 깊게 패인 주름 아래
눈물 젖은 미소가
연보랏빛 그리움으로
흘러내린다.

문풍지에 남겨진 향기

세월이 흐르는 소리
귓가에 맴도는데
훌쩍 떠나버린 세월
문풍지에 내려앉은
연분홍 향기는
빛 바랜 기억의 커텐을
올리게 한다

세월이 흐르는 소리
잔잔한 물결 위에 한숨 되어
갈길 더듬는데
가슴 짓누르는 무거운 현실 앞에
외로운 방랑자 되어
정처없이 길 떠난다

세월이 흐르는 소리
엇갈린 추억되어
아름답고 뜨겁게 가슴속 맴도는데

세월 속 묻어둔 조각난 기억들
추억의 품에 안겨
살포시 피어 오른다.

능소화 연민

온 종일 담벼락 기대어
긴 여름 짧은 꿈 속에
고독을 가슴 언저리에
묻어둔 연민의 꽃
능소화

담 넘어 그리운 님 사모하며
설익은 꽃잎으로 떨어지는
비련의 여인

미워도 보고 싶고
보면 더 미워져도
발돋음 두 손 올려 하늘에 빌며

행여 님의 눈빛 멎을까
타는 가슴 부여 안고
울었지

검게 멍든 가슴
주홍색 물들이며

하염없이 흘러가는 젖은 구름
다시 만날 그리움
눈물 속에 님 그려보는 능소화.

여백

헤어짐이 만남의
전주곡이라면
언제나
가슴 한 구석에
해후만을 위한 여백
남겨 두고 싶다.

영춘화 迎春花

수줍은 얼굴
살며시 미소 던지며
말없이 다가선 당신은
봄의 전령 영춘화

세월의 시새움 멀리 하고
살랑이는 실바람에
머리카락 날리며
노오란 속살로 세월을 유혹하지

기다리지 않아도
남몰래 찾아오는 봄 나그네
해 맑은 웃음으로
인사하는 영춘화

새벽을 잃은 초로인생
온갖 시련 어깨매고
환한 너의 미소 가슴에 담아
새봄에 피어나리.

그리움 호리병에 담고

한 폭 인생 역정
세월의
징검다리에 묻어두고
꺼져가는 불씨하나
애틋이 간직해 온
추억의 편린

비켜 간 운명의 뒤안길에서
질퍽한 그리움에 젖어본다
해후는 즐거움과 괴로움
응어리 토해내는
간이역인가

아픈 상처 스멀대는 어느 가을
비익조 가슴안은
당신에게
걸죽하게 농익은 그리움
호리병에 담아
전해주고 싶다.

새벽길

새벽잠 이불속에 묻어두고
별들의 하소연 내려깔린
새벽길 나선다

여명의 힘찬 고동 새벽안개 스칠 때
우주를 유영하던 별들
아픈 사연 가슴에 안고
추억의 물방울되어 풀잎에 눕는다

희로애락 교차되는 새벽길
누구도 거부할 수 없는
운명의 길이다

침묵만 내려깔린 새벽길
행운의 전령 영접하기 위한
나의 새벽길은 언제나
새롭고 낯설기만 하다.

들꽃 피우리

추억의 아름다움으로
살아가는 너와 나
좋았던 기억 속에 그리움 쌓이는데
운명이 허락한 그날
또다시 만날 수 있겠지

눈부신 햇살 성긴 추억만 남기고
왔던 길 되돌아가는 발자국마다
짙은 밀어는 흩어져
바람이 된다

그대 떠난 그 길 위에서
계절이 바뀌는 진통을 안고
새봄 기다리는
들풀이 되리라
그리고 꽃 피우리라.

어느 여인에게

사랑했다는 기억 하나로
그리움의 여백을
메꾸어 나갑니다

당신을 좋아했다는 이유만으로
당신과 내가 메꾸지 못한
여백을 채워 나갑시다

마음을 심고 사랑을 맺고
피할 수 없는 운명을
두 어깨에 짊어진 채
떠나야만 하는 당신과 나에게
아직도 사랑을 심어 놓을
청초한 여백은 있나요

채우면 채울수록
더욱더 커져만 가는 여백
침묵과 연민으로 채워 갑시다.

안개꽃 사연

안개꽃 한아름 안고
안개비 촉촉이 맞으며
안개속으로 쓸쓸히 걸어가는
당신의 얼굴에 향기 잃은
안개꽃 영혼이 얼룩져 있다

짙은 안개 한 치 앞도 안보이는 인생길
안개꽃 따라 발걸음 옮긴다
누군가 던져준 안개꽃 한아름
가슴에 덥석 안고 걸어가는
나의 길 나의 인생길이여…

살아간다는 이유

아파트 숲 사이로
수은등 하나 둘 켜지면
내가 살아가고 있다는
생명력을 엿볼 수 있다

바람도 멎고
질주하던 자동차들 엔진소리
멀어질 무렵이면
내가 살아가고 있음의
의미를 느낀다

밤의 적막이 길게 내려앉고
안개비 흩어지는 밤이면
서럽도록 애절한 수은등은
나의 깊은 상념 속에
흐느낀다.

자화상

바람은 날더러 어디로 가라 하고
이른 새벽부터
내 등을 떠미는가

찻잔 속에 녹아든 가을향기
채 가시기도 전에
길을 나선다

길에서 주워든 돌멩이 하나
숱한 발길 속에서도 참고 견디며
이렇게 굴러왔다

밟히면 말없이 엎드렸고
차이면 쓰라린 가슴 움켜잡고
하염없이 뒹굴어 갔다

입이 있어도 벙어리가 됐고
볼 수 있어도 장님이 됐으며

바람소리는 들어도
세월의 수레바퀴 소리
들을 수 없다

밟히고 차이고 내 동댕이 처져도
포근히 안아주는 사랑과
뜨거운 열정으로
마음을 달랜다

세월이 던지고 간 흔적
뭉게구름 머리에 얹고
삶의 연륜 훈장처럼 깊게 패인
주름 속엔 인동초의 얼이 숨쉰다

거울 앞에 서서 마주한 자화상
인동초의 꽃이 피어날 수 있음을
자부해 본다.

들꽃 사랑

들꽃처럼 사랑하다
바람따라 멀어져 간 사랑
다정했던 당신의 미소
봄비속에 녹아드는데
개나리꽃 싱그러움 머금은
그대 모습 보이지 않고
비에 젖은 들꽃만
내 가슴 울리네.

사모의 정

어머니 눈물 묻어내린
하늘의 넓은 가슴
들녘에 살라한다

기적소리 멈추고 웃음소리
추억의 바람되어 멀어져간
고향의 향수 물에 젖어
흘러간다

한평생 눈물로 가꾸어 온
연보랏빛 사모의 정
구름되어 멀리멀리 떠나가는가.

쪽마루 푸른 미소

양지 바른 쪽마루
사계절 말없이 자리지키며
아름다운 얼굴 내밀고
미소로 인사하는 너

몸 가누기도 힘든 공간
때로는 기지개 펴고
여린 날개 손짓하며
계절을 알린다

숨 막힐 듯 탁한 공기
한 가슴 들이마시고
해맑은 마음 토해내는 너
누굴 위해 예쁜 모습 내미는가

오늘도 너에게 눈 인사 하고
여린 몸 어루만져 주며
외출하는 나의 마음 깊은 곳에
너의 푸른 미소 가득한 것을.

밤비

밤에 내리는 비는
얼굴이 없다
그 대신 향기가 있다
그래서 사람들은
밤비를 좋아한다.

잔인한 선물

둘이서 나란히 걷던 철로길
외로움 안고 혼자서 걸어본다
앞뒤 가리지 않고 그저
앞만 보고 걸어가던 정든 철로길
지금은 기적소리 잊은 채 잡초만 우거진
내 고향 간이역
모진 세파에 비틀거리며 쓰러질 듯
서 있는 이정표가 외롭다

불러도 대답없고 기다려도
오지않는 다정했던 친구들
가슴 터져라 외치던 젊음의 함성도
메아리 되어 돌아오지 않는다

곧게 뻗은 두 다리 모질게도 잘린 채
세상 부끄러워 몸 마져 숨겨버린
내 고향 간이역
세월이 내뱉고 간 선물
너무도 잔인하구나.

가을 여인

소슬바람에 나풀거리는
오색 비단 온몸에 걸치고
가는 세월 아쉬워 신음처럼
속삭이는 낙엽

구수한 누룽지 내음에
낙엽더미 사위는 가을 향기
가슴을 후빈다

노오란 배추 속살 겉절이
어머니 손맛 입가에 맴돌 때
뜻 모를 미소 남기며 내 곁을
스쳐가는 세월

새털구름 같은 몸짓으로
색동옷 갈아입고 멀어져 가는
가을 여인이여.

2부

그리움은 향기되어
어디로 가는가
그대 향한 열정
가슴에 불타고 있는데
...

수박 의미

당신이 보내온 수박 한 통
빠알간 속살은
당신의 마음인가

아무도 모를세라 감추어진 속살에
촘촘히 눌러 쓴 글씨는
미처 말하지 못한
당신의 사연인가

수줍고 애잔은
당신의 향기
내 가슴 적셔오는데…

오늘은 내가 당신에게
아침이슬 미끄럼타는
수박 한 통 보내고 싶네.

세월 강江 1

하늘과 땅 사이
평생을 건너가는 세월 강
가다가 힘들면
돈도, 명예도, 사랑도, 미움도
모두 다 내려놓자
그리움은 접어도 그리움인가

태어나면서
누구나 건너야 할
숙명의 세월 강
때로는 정을 주고
때로는 증오의 눈길 보내며
비바람 눈보라 안고
미련 없이 흘러만 간다

성난 파도가 춤추며
어서 오라 유혹하는
세월 강 속내 그 누가 알까

건너간 사람
건너가는 사람
건너야 할 사람
다시는 돌아오지 못하는
세월 품고 흘러가는
운명의 강
마음 비우고 후회 없이 건널 수밖에

한번 흘러간 물은 다시는 그 자리에
돌아오지 않음이 철칙이거늘
세월은 역행하지 않고
자신의 비굴함 없이

강 건너 등불 점점 가까워지는데
빈 가슴 쓸어내리며
내가 선택한 아픈 사랑의 역사
싣고 가는 돛단배이고 싶다.

세월 강江 2

너무
너무나 멀리 와 버렸구나

미련도 후회도 없이
물보라 남긴 채
뱃고동 여운 아쉬움 안고
무작정 달려왔다

멀리 왔다 한들
이제 와서 누구를 탓하랴
건너온 강물 뒤돌아보면
아득히 추억만 보이는데

때로는 소용돌이 되어 거칠게 휘돌아가고
때로는 고운 햇살 가슴에 담고
자장가 부르듯 잔잔히 흘러가는
세월 강江

내 앞에 어떤 운명이 놓여 있는가
생각할 여지도 없이 앞만 보고

거친 물결 헤치며
쉬지 않고 노저어 왔다

세월 강 건널 땐 나만 보였는데
강 건너 등불 가까워지니
흘러간 강물 그리움되어
눈시울 적신다

부질없는 욕심
강물에 모두 씻어버리고
눈앞에 그 끝이 보이는 세월 강
서둘지 않고 출렁이는 강물과 하나 되어
도란도란 옛 얘기 나누며
바람 따라 물결 따라 노 저어 가고 싶다

너무 멀리 왔다는 푸념
지우개로 깨끗이 지우고
더 멀리
한없이 더 멀리 노 저어 가고 싶다
바람이 불고 구름이 흐른다.

아카시아꽃 피는 언덕

오월의 문틈으로
싱그러운
아카시아꽃 향기가
스며든다

달콤하면서도
풋 내음 가득한
아카시아꽃 따 먹으며
어린 시절 오색 무지개
꿈꾸던 고향 언덕에
가고 싶다
씨나락 담그며 한 해 농사
풍년 기원하는 아버지
콧노래 높아질 무렵
동구 밖 언덕엔
아카시아 꽃향기
어린 마음들을 유혹했지

길게 늘어진 아카시아꽃
가지 꺾으려 무등 타다
넘어져도 함박꽃 웃음
온 들녘에 퍼지고
옷자락에 엉켜묻은
흙먼지
털어주며 우정을 나누던
철없던 시절
세월이 수없이
겹쳐 흘러도 아카시아꽃
향기는 오월의 추억 안고
찾아오는데…

시집 갈 날 눈앞에 두고
하루에도 두세 번씩
거울 앞에 서서
짙게 바르던 누나의
코티분 냄새보다
우정의 고향 내음
질펀하게

토해내던
아카시아꽃 향기

허나 봄볕에 그을린 어머니가
아껴 바르시던
동동구루무
구수한 향기엔
비할 수 없었지

아름답고 순수한 꽃말
무르익은 봄향기
듬뿍 머금은 채
옛 추억되어 오월을 안고 온
아카시아꽃 따먹으러
두 팔 휘휘 저으며
고향으로 달려가고 싶다

어머니 품속 같은
언덕으로…….

김포공항

바람이 거세게 불면
나무들은 울부짖는 짐승이 된다
옷깃을 펴 이 거센 바람
너를 보내는 마음으로 삼겠다

얼룩진 얼굴도
활짝 핀 마음도
모두 거센 김포 바람 속에 묻자

그러나 이렇게 선 자세는
여인의 심정처럼
울 수만 없는가

돌아온다는 기약 바람에 날리고
조용히 가버린 너
울지 못해 가슴이 터져버린 하늘처럼
웃음을 닮자
가을을 닮자

* 서독 간호원 떠나는 동생 숙이를 보내며 김포공항에서

당신 꽃 사랑

요염하고 탐스런 모습
오색의 장미꽃이 머리 흔들어
인사하는 계절

유월의 태양 반사되어
온갖 생명 가쁜숨 토해낼 즈음
입가에 향긋한 미소 띄우며
고운님 맞이하는 붉은 장미꽃
님향한 열정 가슴에 불타고 있는가

떠난 연인 다시올까 넓은 창포
반쯤 열고 왔던 길 돌아보고
또 돌아보는 백장미 금방
들어설 것 같은 예감에
마스카라 젖은 이슬 가슴 저민다

간간이 스치는 바람결
곱게 빗어올린 머리카락 쓰다듬는
노랑 장미꽃 곁에 있는 백장미
아픈 눈물 포근한 옷소매로 씻어준다

해맑은 유월 햇살 마다하고
한마디 말도 없이 애증의 눈빛으로
저만치서 고개숙인 흑장미
정 맞은 멍울 가슴에 묻고
떠난 님 그리워 마음둘곳
찾지 못하는 흑장미의 비련

유월은 장미축제의 계절
오색의 장미꽃들이 아름다움 시샘하듯
얼굴 내민다

그러나 장미꽃 보다
더 아름답고 고귀한
한송이 꽃을 본다

흐르는 땀방울 나몰라 하고
이꽃 저꽃 눈도장 사랑 심어주고
웃음으로 마음 나누는 꽃중에 꽃
나의 동반자 당신 꽃이
더욱 아름답네요.

* 2024. 6. 서울 군자동 장미축제에서

이팝나무 하얀 미소

이팝나무 그늘 아래 앉아 있으면
금방 쏟아질 듯 하얀 눈꽃 더미
환한 등불 남은 온기
마음 담고 사랑 심어
과거로 띄어 보내고 싶다

이팝나무 그늘 아래 앉아 있으면
그 옛날 시리도록 아린 배고픔을 달래려
초근목피로 허기 달래던 춘궁기
보릿고개 서러움 달래 주듯
시샘하며 무리지어 피어나는
이팝나무 주먹밥꽃 바라보는 것만으로
배고픔을 잊는다

이팝나무 그늘 아래 앉아 있으면
하얀 쌀밥 뭉텅이로 매달아 놓은 듯
풍요롭고 넉넉한 이팝나무 꽃송이
찾는 이 없어도 그저 보이는 것만으로
행복한 듯 하얀 속살로 미소 짓는다

내년 오월 요맘때면 탐스러운
이팝나무 하얀 꽃은 싱그러운 구름타고
구수한 향기 가득 싣고 오겠지.

자줏꽃 방석

가자,
감자꽃 피는 언덕으로
바람과 구름과 그리고
너와 내가 어울려
신나는 마당을 벌이자

가자,
감자꽃 어울어진 마당으로
안개 너울 함초롬이 내려 앉은
자줏빛 방석위에 한마당 가득히
사랑을 가꾸자

가자,
감자꽃 파도치는 항구로
밀려와 흩어지는 물보라에
자줏빛으로 멍든 너와 나의 마음
파도 속에 묻어버리자

가자,
너와 내가 있다는 것 만으로
행복이 움트고 사랑이 너울거리는
감자꽃 보금자리로.

패랭이꽃

밀짚 도롱이 둘러메고
지나가는 소나기 피해
초가집 처마 밑에
서 있는 농부

반백의 머리 위엔
패랭이가 덩그러이 자리잡고
세월에 시달려
마디마디 굵어진
아버지의 거북이 손

한 움큼 쥐어진
진담홍 패랭이꽃은
어머니 몫이었다

돌 틈 비집고 하늘 향해
싱그런 얼굴 내밀고
웃음으로 화답하는 패랭이꽃
매듭지어 자라나는 대나무 닮아
석죽화라 불리우던 패랭이꽃

빨강, 연분홍, 진담홍, 하얀색 등
색상마다 개성 있고
화려한 꽃잎
그래서 아버지도 패랭이꽃을
좋아하셨다.

시민의 강

훙건히 번져오는 초록빛 사이로
빨갛게 단장한
찔레꽃이 요염하게
미소 지으며 유혹하는 계절
흰 구름 품고 흐르는
시민의 강 6월의 고운 햇살이
그리움을 내려놓는다

졸졸졸 흐르는
잔물결 소리에 놀란 듯
한가로이 헤엄치던
잉어 한 쌍
노오란 우산 반쯤 접힌
수선화 그늘 안으로
숨는다

하얀 목화송이 점점이
흘러가는 시민의 강에
내 마음도 띄워보낸다.

   * 2024. 6. 어느 날, 부천시 상동 시민의 강을 걸으며

아버지의 훈장

허리 굽은 신작로길
바람 따라 걷는다
황금빛 노을 안고
마을 어귀 들어서면
검둥이 꼬리 저어 반기고
장독 옆 굴뚝
소릇이 피어오르는 연기 속에
어머니 얼굴 웃음 짓는다

언제부턴가
강물처럼 내려앉은 주름살
깊게 패인 신작로길이여
황토먼지 분단장 콧노래 신이 날쯤
달구지 올려맨 엄마소도
음매음매 화답한다

삶의 고뇌 스며든
한스런 신작로 길에
산들바람 스쳐갈 땐

황금빛 벼이삭 익어가는 소리 맞춰
키다리 수수가 인사한다
지지배배 새떼들이 구름되면
엉클어진 머리카락 날리며
흐느끼는 민들레

자식 위해 노심초사
움푹 패인 주름살
훈장처럼 자랑하며 살아오신
아버지
오늘도 세월따라 걸어가는
신작로길 멀기만 하다.

오월

저만큼 사월은 가버리고
여기 꽃잎이 쌓였는데
총총이 세월 딛고 말없이 다가선
오월에 장밋빛 사랑
주시렵니까

신록의 계절 푸른 옷 갈아입고
살며시 다가서는 당신
기다림에 지친 눈물 닦아주려
파란 손수건 내미는가

훈풍이 웃음 짓는 오월
파란 빛 사랑을 주시렵니까.

6월의 산고

강물에 띄워 보낸 6월의
초록 편지
마지막 남은 기억의
편린 마저 띄운다

하늘이 토해내듯
쏟아내는 절규

무슨 한이 그렇게도 깊어
가슴에 쌓인 증오 씻어내듯
6월은 앙가슴치며 저토록 통곡하는가

한세월 절반 넘어
마지막 남은 반 세월
온 힘 다해 빗장 젓히는 산고인가

그 아픔 견디고 나면
찬란한 여명
그대 위해 다가올 것을.

*6월 하늘 장맛비가 쏟아지며 천둥 번개 치던 날

인생 완행열차

높고 낮음 가리지 않고
있고 없음 탓하지 않으며
남녀노소 보듬어 가슴에 품고
묵묵히 달려가는 3등 완행열차

직행 급행에 길 양보하면서
종착역을 향해 미끌어져 가는
3등 완행열차의
여유를 닮고 싶다

종착역을 향해 터벅터벅
지친 발걸음 내딛는
나그네 영혼 끌어안고
묵묵히 달리는 인생 완행열차
삶의 고뇌 머리얹고 찌든 가슴 움켜쥔
이동판매 아저씨의 한서린 외침 속에
종착역이 임박했음이
가슴을 저린다

모든 시련 가슴에 묻고
세찬 눈보라 짖궂은 비바람 속을
숙명처럼 달려가는
3등 완행열차
긴 한숨 내뱉듯 찢겨진 기적소리
종착역임을 알릴 즈음
굽은 허리 펴며 "벌써 종착역인가"고
내 뱉는 촌노의 한서린 푸념엔
서글픔이 서려 있다

온갖 애증 가슴에 저려 묻고
종착역 향해 달리는
3등 완행열차의 포용과 낭만서린
여유를 닮고 싶다.

내 고향 간이역

코스모스 어깨동무 속삭임 속에
책가방 둘러메고 달려오던
시골 정거장 내 고향 간이역
친구들 재잘거림도 화답하던
종달새 노랫소리도 추억으로 남고
저만치 잡초 속에 쓸쓸히 서 있는 이정표
눈물에 얼룩져 가슴을 저민다

두 줄기 곧게 뻗은 레일 따라
한발 한발 내딛으며
젊음과 희망을 각인하던
침목 위엔 세월의 무상함이
아지랑이 되어 아른 거린다

기적소리 여운이 나의 육신을 휘감는데
내 고향 어느 어귀에 쓸쓸한 맘 풀어볼까
제멋대로 우거진 잡초만이 뒤엉켜
즐거웠던 과거를 묻어 버리려는 듯
몸부림치는 간이역

인적도 끊기고 포근했던
정마저 묻어버린 채
과거만 남아있는 간이역
숱한 시련 속에 잃어버린 세월
가슴에 안고 외롭게 고개숙인 패랭이꽃이
이방인의 쓰린 마음 달래 준다

오는 사람 가는 사람 잃어버린 채
긴 한숨 허공에 토해내는 이정표
간이역은 말이 없구나.

지평선은 말이 없다

하늘과 땅 맞닿은 지평선
스치다 멈춘 바람속
세월의 잔주름이
당신의 모습입니다

온갖 생명 속삭임 가슴에 앉고
쉰 듯 불러주는 흘러간 노래
당신의 마음입니다

서로서로 어깨비벼 대며
동네방네 눈물 담은 풍년가
감격의 눈물되어 당신의
앞치마에 흘러내립니다

붉은 노을 어둑어둑 멍들어 갈 즈음
넓고 포근한 가슴에
지친 몸 보듬어 안아주는 지평선
당신의 가슴입니다

불러도 대답이 없고 외로움 젖어도
앙가슴 활짝 열고 반겨주는 당신
지평선 저녁노을입니다.

황혼 연가

황혼이 몰고 온
그 잔잔한 아픔
정든 뜰 쓸어대며
향수에 젖는다

언제쯤 그리운 날 불러
고독한 삶을
물을까.

무제

저리듯 스쳐간 세월
지우지 못할 운명의
그림자여!
고뇌의 화신이여!

이제
긴 여정의 종점 앞에
서성거리며 서둘러
가버린 꿈의 향연
어디서 찾아야 하나.

오늘의 단상

고개를 들어보니 고추잠자리 된장잠자리가
평화롭게 날고 있고 그물망 잠자리채 휘두르는
코흘리게들의 여린 팔이 아프구나

신작로 옆 몇 두럭 안되는 텃밭은 주인의 손길을
기다리지못한 쇠비름이 삼발머리를 하고 춤춘다

나는 불현듯 감자밭 고랑에서 감자꽃처럼
웃고 서있던 어머니 생각에 가슴 뭉클함을 느끼며
유월 햇살에 검게 그을린 어머니의 주름진 얼굴을
그려본다
초가집 지붕마다 지나가던 바람이 뽑아올린 저녁 연기가
스멀스멀 하얗게 퍼져나갈 때 내 고향 여름밤
더 깊어만 간다

모깃불 지펴놓고 평상에 누워 금방 쏟아질 것만 같은
별들을 바라보며 저 어딘가에 나의 별도 있을텐데…
문득 내가 붕 떠올라 별들과 대화하고 있다는 상상속에
곁에 지펴논 모깃불 연기는 생명력을 잃어간다

봄 여름 가을 겨울
사계절은 해가 바뀌어도 어김없이 오는데
우리 인생은 오직 한 번뿐 다시 돌아오지 않는다.

* 1969. 6. 고향집 텃밭에서

3부
옷깃 치켜세우고
오뚜기처럼 일어나
길 가리라

세월이 흐른 뒤

그대 떠나간 발자국엔
상처의 아픔이 쌓이고
괴로움에 멍이든 내 가슴에
어둠이 내려 앉았습니다

그대를 보내고 뒤돌아선 그 밤
억세게 쏟아 내린 눈보라
내 뺨을 때리고
묻어두었던 그대와의 밀어
고목의 잔등에 서리 되었내요

먼 훗날 그대와 나
인생의 뒤안길에 서서
서러워 해야할 지난 날로
기억되겠지요.

억새의 노래

석양에 반짝이는
은빛 물결 위로 위로
산등성이 너머 억새는 운다
어디로 가는가

나는 머리 위에 내린
억새꽃 한 무등 얹고
가을을 간다

바람에 흔들려도 꺾이지 않고
세월에 짓밟혀도
다시 일어서는 오뚜기 억새풀

가을바람 연주삼아 합창하듯
울부짖는 억새풀 노래
타향살이
자식 그리는 어머니
가슴 저림인가

칼바람에 소리없이 흐느끼는 갈대를
여인의 슬픔이라 했고
가슴 저리듯 쉰목소리 우는 억새의 노래
남자의 통곡이라며
회심가를 부르던 옛 시인

살갗 돋우는 가을 바람에
온몸 흔들며 흐트러진
머리카락 쓸어내리는
억새
진정 내 모습이런가.

가을이 가네 세월이 흐르네

가을이 오면
기다려지는 그리움
낙엽에 추억 그려놓고
바람따라 먼 길 가신 어머니
주름으로 스케치한 초상화가
찢겨진 내 가슴
여백을 메꾼다

가을이 오면
보고 싶은 얼굴
목화솜 미소 머금고
추억 물든 낙엽 밟으며
그리움 한 짐 머리에 이고
어머니 찾아오신다

가을이 오면
해맑은 어머니 미소
가슴에 젖어 오네
마당에 도래멍석 깔아 놓고

콩타작 팥타작
맨살에 걸쳐 입은 홑적삼엔
소금꽃이 수놓아 있었지

가을이 가고 있다
곱게 물든 단풍잎 밟으며
소슬히 내리는 가을빗속으로
멀어져가는 당신

가을이 가네
어머니 떠나가시네
아 구름따라 세월이
흘러만 가네.

눈물의 백설기 떡

지난밤 소록소록
눈 내리는 소리
하늘나라 가신 어머니
하얀 버선발로 오시는
발자국 소리인가

지난밤 문풍지 애절한 노랫소리
정든 님 생각에 잠못 이룬 자식
잠들라 불러주신 어머니의
자장가인가
사랑에 빠진 눈은 눈이 아니라
노래인 것을

이른 아침 창을 열고
저만치 바라보니
어머니 가신 발자국 보이지 않고
밤 지새며 자식 위해 만드신
눈물 젖은 백설기 떡
온 세상 뒤덮고 있구나.

나목裸木

찬 바람에 문풍지 바르르 흐느낄 즈음
하나 둘 입었던 옷 벗어던지는 너
누구를 향한 항거이더냐

지난봄 연록색 옷깃으로
벌 나비 벗삼고 찌는듯한 삼복더위
짙푸른 가운 걸친 풍만한 몸매
뽐내던 너 소슬한 찬바람에
입었던 옷 하나 둘 벗어던지는 건
가는 세월 원망함인가

늦가을 울긋불긋 색동옷
뭇인간 유혹하던 네가
속옷마저 벗어던지고
앙상한 알몸으로 북풍한설에
몸부림치는 건 새생명 탄생을 앞둔
산고의 진통이더냐.

안동역 추억

여기는 그리움이 왔다가 돌아가는 곳
투박한 경상도 사투리 서로 싸우듯
말투 끝엔 언제나 웃음꽃 핀다
미운 정 고운 정 가슴앓이 지켜온
운흥동 옛 안동역엔 철마의 거친 신음
여운만 흐른다

만남과 헤어짐의 인생 역정
바람에 스쳐가고 낯설은 커피향기
낡은 역사에 감도는데
오가는 길손 푸른 꿈 안겨주던 노송老松
인적 끊긴 광장 모퉁이에 서서
옛 선비의 충절 지키고 있구나

갑진년 11월 27일 올 겨울 첫눈
발자국 남기며 찾은 옛 안동역
잊혀가는 세월 끝자락 여운 아쉬운 듯
낯익은 가수의 노래비가 쓸쓸히
미소 짓고 있다

"첫 눈이 내리는 날 안동역 앞에서
만나자고 약속한 사람…
못 오는 건지 안 오는 건지
오지 않는 사람아…"

지난 것은 언제나 그리움만 남는 것
이별의 가슴앓이 토해내듯 흘러내리는
그리움 함박눈 되어
갈길을 막아 선다

옷깃 치켜세우며 안동역 옛 정취
가슴에 묻고 있는 이방인
설레임 안고 찾아왔건만
눈발 사이로 흘러내리는
노랫소리 되뇌이며 이별의
아쉬움만 남기고 터벅터벅
발길을 옮긴다
여기는 그리움이 왔다가 돌아가는 곳….

* 2024. 11. 27. 첫눈 내리는 이른 아침 옛 안동역에서

지평선

하늘과 땅 맞닿은 지평선
스치다 멈춘 바람속
세월의 잔주름이
당신의 모습입니다

온갖 생명 속삭임 가슴에 얹고
쉰 듯 불러주는
흘러간 노래
당신의 마음입니다

서로서로 어깨비벼 대며
동네방네 눈물 담은 풍년가는
감격의 눈물되어 당신의
앞치마 흠뻑 적십니다

저녁노을 까맣게 멍들어 갈 즈음
넓고 포근한 가슴에 지친 몸
보듬어 안아주는 지평선
당신의 가슴입니다

말이 없고 대답이 없어도
앙가슴 풀어제치고
세상을 품어주는 당신
지평선 저녁노을입니다.

가을 여인 코스모스

흙먼지 둘러쓴 채 웃음 띄우며
고향길 찾는 길손 반겨주는
가을 여인 코스모스
청초한 네 모습 변함없구나

소슬히 내리는 가을비에
온갖 시련 씻어버리고
벌 나비 시샘에 통째로
가슴 내어주던 너
풍년을 노래하는 농민들 마음인가

모진 비바람 맨몸으로 스쳐내고
해맑은 미소 던져주며
오늘도 변함없이 길섶에 서서
고향길 찾는 나그네 발걸음
멈추게 하는구나.

세월 길 따라가는 길손

흩어진 낙엽 굴리며
소슬히 불어오는 바람 속에
그대의 쉰목소리 들려온다
머물 자리 잃은 채 흘러가는
구름 사이로 살며시 내미는
그대의 애잖은 모습

농익은 살구맛 같은
당신 마음 아플까 봐
가슴 깊은 곳에 살포시 얹어놓은 추억
질투하지는 않겠다

늦가을 찬서리에 고개 숙인 국화꽃
한 움큼 저민 국화주 한잔에
세월의 여운 안고 해가 저문다

어둠이 내리면 지평선 저 멀리
붉은 노을은 밤을 재촉하는데
얼큰히 취한 길손
세월 길 따라 어디로 가는가.

헬로윈 골목길

불타던 가슴앓이
여물어 갈 즈음
온 천지 색동옷 걸쳐 입고
쇼팽의 즉흥 환상곡에 젖어
열광하던 광란의 거리
계절은 변하지 않는다

죽은 자만이 살아 있는 골목길
또다시 세월이 내려 앉고
돌풍이 한 번 불고 다시 한 번 불고
어딘선가 숨이 메마른
얼굴 없는 목소리가
가슴을 울린다

사랑하는 연인과 생이별
행여 눈 내리면
소복히 쌓인 눈 밟고
해맑은 웃음 보일까

가던 발길 멈추고 뒤돌아 봐도
모든 것이 상상의 나래일 뿐
텅 빈 골목길 그리그의 솔베이지송이
회색빛 가슴에 전율을
느끼게 한다

웃음이 통곡으로 갈아타고
통곡이 애증으로 범벅된
이태원 골목길 침묵속에
밤은 흐른다.

가을 유혹

코발트 빛 가을 하늘
솜털 구름 나를 유혹하고
문틈 비집고 스며드는 가을향기
내 마음에 잔잔한 물결
일렁인다

설익은 후박나뭇잎 생긋 불어오는
바람타고 서투른 몸짓으로
창문을 두드리고
나의 빈자리 매꿔주는
계절의 전령들 침묵으로
내 가슴에 걸터앉는다

가을이 투박한 웃음으로
날 나오라 재촉한다
세월이 던져준 배낭매고
어디론가 떠나고 싶은 건
계절이 주는 선물일진데…

아직도 채우지 못한 마음의 여백을
한 폭의 수채화로 메꾸려는
심사인가.

세월의 흔적

돌아가기에는 너무나
멀리 와 버렸다
왔던 길 돌아보니 추억이 아지랑이되어
아른거린다
다시 갈 수 없는 피안의 언덕

지금까지 살아온 길이 가시밭 길이어서도
이룰 수 없는 사랑의 아쉬움 때문도
아니다

남겨진 상처가 너무 깊어서도 아니고
마지막 잎새처럼 외로움을
달래지 못해서도
아니다

어쩌면 뒤돌아본 나의 초상이
너무나 허무하고 초라하게
투영되기 때문이다

지난날 무언가를 잃어버린
미련의 아픔 때문에 이루지 못한
꿈과 사랑의 절름발이 되어
발자국 내딛기가 어렵고
두렵기 때문이다

이제는 세월의 흔적 되새기며
내일을 향해 초연하게 걸어갈 수밖에
없지 않을까.

아기 원추리꽃 전설

잡 풀더미 속 소롯이 얼굴 내밀며
노오란 웃음 인사 아기 원추리꽃

이른 아침 출근길 우연히 마주친 너
말없이 웃음 인사 주더니
퇴근길 웃음 잃고 꽃대에 매달린 채
서러움에 젖어 있구나

뭇사람 뭇시선에도 아랑곳없이
높다란 꽃대에 앉아
항상 희망 웃음 던져주던
하루살이 기구한 운명의 화신

생의 마지막이 지척임을 알면서도
쓴 웃음 머금고 하룻밤 지새우며
기다림에 지친 원추리꽃
웃음을 던지며 하루만의 일생을
마무리하는 너
가슴에 맺힌 한 어디에서 풀 건가

짧은 삶의 지혜를 심어주며
애가 타 까맣게 그을린 아픔 안고
어디로 가는가

오늘이 생애 마지막이 될지라도
최선을 다하겠다는 너의 다짐
내 마음속에 깊이 간직하고 싶다.

그대여 내게로 오라

살다가 괴로움에 가슴 저리거든
외로움에 잠 못 이루거든
쓰라린 고통이 짓 누르거든
그대여 내게로 오라

당신의 영원한 동반자요
사랑이요 보금자리
그대여 내게로 오라

나는 영원히 죽지 않고
죽어서도 다시 살아 있는
한 그루의 소나무
그대여 내게로 오라

저린 가슴 쓰다듬고
쓰린 고통 감싸주며
영원히 잠들 수 있도록
넓은 가슴 활짝 열고
기다릴 테니 그대여
내게로 오라.

세월 미워요

늘 같이 있고 싶어도 그래서
옷자락 움켜잡아도
세월이란 여인 앙칼진 성화에
또 비굴해질 수밖에 없다

주섬주섬 계절의 옷 걸치고
세월의 등에 밀려 떠나가는 것이 순리인가

세월은 계절을 윤회하며
그 자리에 머물고 있는데
젊음도 청춘도 애증도 묻어둔 채
운명처럼 먼길 떠날 수밖에 없는
인생길

가는 것은 세월이 아니고 인생인데
또 한 해가 간다고 호들갑이다
눈치도 없이 세월이 간다고 자위하며
또 떠나야 할 시간이다.

삶이 저무는 길섶에 서서

기적소리 추억으로 멀어져 간
간이역
한서린 가슴앓이 속에
이정표는 흐느끼는가

삶이 저무는 길섶에 서서
흙 묻은 손으로 머리카락
쓸어올리며
허무한 꿈의 가슴 저림을 달래본다

저녁노을 붉게 물들면
어머니 품속처럼 포근했던
코스모스길 이름 모를 잡초만이
실바람 안고 고개 숙인다

청운의 꿈 곧게 뻗어내린
희망실은 철로 길
그 흔적 세월 속에 묻혀버린 채

빛바랜 기억들만 가슴저려 오는데
저만치서 외로움 달래는 패랭이꽃
눈물로 인사한다

상실된 나그네 마음
무엇으로 메꿔볼까.

여명과 저녁노을

이른 새벽
수평선 박차고 솟아오르는
여명은 아버지
심장이다

땅거미 움켜쥔
지평선 불그스레한 얼굴
저녁 노을은 어머니
가슴이다

동해바다 저 멀리 수평선 위로
뜨거운 피 포효하는 일출
젊음의 구가 귓가에 맴돈다

온갖 곡식 철들어 고개 숙인 들녘
어머니 가슴 닮은 저녁 노을
두 팔 벌려 안으려 함은
사모의 그리움인가.

겨울비

그대 떠나던 그날에도
이렇게 겨울비가 내렸지
떠난 그대 미워
저주스럽게 내렸지

차라리 눈이라도 내리면
세월의 흐름이나 알 텐데

눈앞에 어른거리는
그대 모습 지우려
야속하게도 겨울비가 내리네.

섣달 그믐

훌쩍 떠나버리면 그만인 것을
무슨 미련 그리 많아
거친 숨 몰아 쉬는가

지난 한 해 온통 쏟아낸 정을
기어이 가져가야 한다면
밝아올 내일의 약속만은
남기고 가야지

마냥 붙잡아 둘 수도 없는
세월의 수레바퀴는
미련과 아쉬움을 거머쥔 채
묵묵히 굴러만 간다.

4부

남는 자의 슬픔
강물처럼 흐르고
별들의 속삭임 귓가에
맴돈다

쌍무지개 뜰 때까지

핏빛 얼룩진 가슴 열고
불러주고 싶은 노래가 있습니다
서로가 못 믿어 분열된 대지에
파란 싹 움틀 수 있도록
자유와 평화의 노래
불러주고 싶습니다

자유를 쟁취하기 위한 용기가,
평화를 누리겠다는 신념이,
정글을 태울 수 있는 힘으로
승화될 때까지 당신들에게
용기와 궐기를 실어주고
싶습니다.

우리가 목숨 바쳐 이룩한
자유 평화 쌍무지개
당신들과 우정의 가교가 될 때까지
목터져라 노래 부르겠습니다.

* 1966. 10. 귀국에 앞서 월남 친구들에게

귀국명령 '신고합니다'

열풍이 밀려드는
이역만리 낯선 땅
내가 진정
그리워하고 사랑하고
목 터져라 불러보고 싶은 그 이름은
오직
대한민국이라는 존엄과
부모 형제들의 끈끈한 정이었습니다

정든 산천 뒤로 한 채
괴물 같은 수송함에 올라
눈물과 땀으로 범벅된 손수건 흔들며
꼭 이기고 돌아오라던
당신들의 목메인 격려도
세월이 익어가는
가을이었습니다

야자수와 바나나 엉클어진 들녘
자유와 정의 위해 산화한 전우들의
떠도는 넋을 달래는 진혼곡이
마음 아리게 합니다
전쟁과 우정이 한데 얽혀
정글 누빈 지 어언 일년
고국으로 돌아가라는 귀국명령에
전우들의 포효 가슴에
담아 오렵니다.

같은 하늘 밑

눈물일랑은
아예 흘리지 말자던 네가
쓴 미소를 지으며
전우들 번갈아 쳐다보던
그때에도
폭염이 불타던 벌판
누우런 벼이삭 머리 숙이고
선혈로 얼룩진 정글복
뜨거운 눈물을 적셨다

검푸른 정글 이글거리는 태양은
오늘도 변함없이 우릴 부르고 있는데
네가 누워 있던 이름 모를 벌판
슬픈 벼이삭 외롭구나

용솟음 치는 울분
피 눈물 젖은 괴로움이지만

눈물일랑 아예
흘리지 말자던 너였기에
이렇게 너의 얼을 위로하며
입술을 깨물었다.

　　　　　　* 1966. 6. 월남 전선 고보이 마을

조국에 사은謝恩

당신들이 있었습니다
화염이 엉클어진 정글 속에서도
포탄에 무참히 무너진 집들
모퉁이를 지날 때에도
우리에게는 당신들의 훈훈한
가슴이 있었습니다

말이 없어도 좋았습니다.
사연이 없어도 좋았습니다
우리에게는 사랑이 가득한
당신들의 다정한
눈빛이 있었습니다

달빛 없는 밤이어도 좋았습니다
포성이 고막을 찢는 낮이어도
좋았습니다

우리에게는 목놓아 울어 볼 수 있고
소리쳐 불러 볼 수 있는

사랑하는 조국과 당신들이
있기 때문입니다.

* 1966. 6. 월남 중부전선 퀴년에서

남국의 밤

달빛이 소리없이 부서지는
남국의 밤
금속성 외마디는
누구의 외침이냐

십자성 애처럽게 몸부림치는
애수의 밤
흐느끼는 야자수는
누구를 기다리는 마음이냐

열풍이 식어가고 수많은 별
모래알같이 쏟아지는
정열의 밤
누구를 향한 연민이냐

총성이 잠들고 별들 대화마저 끊긴
적막한 밤
고국의 푸른 하늘 사랑하는 부모 형제
꿈속에서 그려본다.

* 1966. 10. 퀴년 고보이 마을

삼팔선이 가시되어

부릅뜬 영정의 눈빛에는
영웅의 기개가 서려 있다
무슨 원한 그리도 많아
부릅뜬 눈 감을 줄 모르는가

영웅의 눈빛은
적의 심장을 향해 소통의 방아쇠
당기던 그 순간 모습이다

한순간 호흡을 멈춘 채 방아쇠 당기던
핏발선 영웅의 눈
그래서 영웅의 눈은 감을 수 없다

지친 삶을 살아오는 동안
외롭거나 괴로워서도 아니다
영정의 눈에는 원한 서린 삼팔선이
가시가 되어 감을 수 없다
영정의 눈은 영웅의 눈이다.

* 2017. 국가 유공자 영정 앞에서

남은 자의 슬픔

첩첩산중 노송처럼
그 자태 우아하고
도도히 흐르는 강물처럼
희로애락 감싸주던 당신

인생 애환 씹어 삼키는 고뇌
한몸에 안고 그 강을 건너가네
한줌의 흙으로 흩어지네

산천을 호령하던 그 목소리
바람에 비켜가고
나를 따르라며 앞장 섰던 그 기백
남은 자들의 호곡 속에 묻혔는가

원한의 삼팔선 무너지는 날
녹슨 철조망 베개삼아
조용히 눈 감겠다던 당신
어찌해 가슴에 맺힌 한을 잊었는가
깊은 꿈속 헤매이는가

당신의 넋 쉴 곳 찾아
한조각 구름되어 흘러가는가
당신이 떠난 빈자리
남은 자의 슬픔이 강물처럼 흐르는데.

  * 2020. 6 · 25. 참전용사를 보내는 선양 행사에서 자작시 낭송

이끼 낀 비목碑木

이름 모를 산새들 구슬픈 울음소리
새끼 찾아 헤매는 들짐승 절규
모두 다 묻어버리고
흰구름 하염없이 흘러가는 이곳
평화의 댐 중턱
당신들은 누워 있습니다

자유 평화 수호신으로 조국 분단의
아픔 안고 젊음을 초개같이 버린 당신들
그 늠름했던 모습 찾을 수 없으나
이름도 계급도 세월에 씻긴 채 외롭게 서 있는
이끼 낀 비목엔 당신들의
숭고한 얼이 숨쉬고 있습니다

당신들이 남긴 거룩한 희생
후세들 가슴 속 깊이 눌러 삼키며
국화 한 송이 올립니다.

* 2018. 평화의 댐 중턱, 무명용사 비목에서

삶의 애착

겨울비 음산히 내리는
텅 빈 거리에 서서
하늘의 울음소리 듣는다

어둠에 깔리는 대지 위에
나의 그림자 짙게 느껴짐은
삶의 애착 때문인가

이미 태워버린 나의 빈 가슴
또 무엇을 채울까
채우면 채울수록 빈 공간은
더욱더 넓어만 가고
결국 남은 것은 하늘의
울음소리뿐인데.

모든 영예 당신의 것

전쟁 속의 영웅은 잠시 잠깐이나
역사 속의 영웅은 영원불멸한 것
당신의 가슴에 각인된 영웅 메달
그 속에 녹아내린 모든 영예는
오직 당신의 것입니다

조국의 영원함과 민족의 안녕을
기원한 당신 불굴의 징표입니다
원한에 부릅뜬 눈, 세월에 묻으시고
당신을 향한 거룩한 합장 들으소서

조국 분단의 아픔 안고 자유 평화
수호신으로 송두리째 젊음 바치신
당신의 거룩한 희생, 후세 만만대
가슴에 눌러 삼키며 국화꽃 한 아름
가시는 길에 묻으렵니다

이승에서 이별은 저승의 만남을 기약하는 것
쓰라린 고통, 처절했던 고독일랑

세월 강에 띄워 버리시고
개나리 진달래 활짝 웃으며
당신 영접하는 새봄 앞세우고
편히 가시옵소서

후회 없이 편히 쉬소서
눈물 감추시고 미소만 남기소서.

* 2025. 3. 17. 선양단 행사 자작시 낭송

무공수훈자 영예를 담은 영웅 메달

잡초의 혼

잡초는 외롭지 않다
그 누가 거들떠 보지 않아도
홀로 뿌리내리며 스스로 살아가는
강인한 생명줄이 있다

때로는 무참히 밟히면서도
차디찬 뭇 시선 속에서도
오뚜기처럼 다시 일어설 수 있는
열정이 있다

버려진 땅에서도
철벽 콘크리트 틈새에도
오직 한 줄기 빛을 향해
온몸을 바친다

잡초는 끈질긴 생명력이 있다
떳떳한 이름도 없고
온몸 짓밟혀 초라하게 보여도

태양을 바라보며 내려앉는 뿌리는
땅을 딛고 서 있기 때문이다

잡초는 때론 손발이 잘려지고
가냘픈 허리 비틀려져도
찬란한 햇빛과 한 줄기 생명수가 있는 한
다시 생명을 잉태할 수 있는
분노가 있기 때문이다

잡초는 외롭지 않다
뭇 인간들의 외면 속에서도
끈질긴 인내와
강인한 생명력과
내일을 기약하는
뜨거운 분노가 있기 때문이다

나는 잡초가 되고 싶다.

나그네 들녘길

다시 찾은 내 고향 간이역
세월이 스치고 간 상처난 이정표
가슴으로 더듬어 본다

지평선 너머로 스며드는
저녁노을 바라보며 낯익은
들녘길에 서서 허물어지는 가슴 안고
눈물짓는 나그네

몸조심해 잘 가라고
성공해 돌아오라며 정안수 떠 놓고
두 손 빌던 어머니 쉰목소리
세월에 묻혀 아물거린다

어릴 적 황홀했던 노을빛
내일 희망 담겼는데 세월의 무게
머리에 얹고 시들어 버린 잡초

나그네의 들녘길에 가슴저린
한숨소리 멀어져만 간다.

그리움 흘려버리고

낙엽따라 가버린
그리움 하나
행여나 봄비 맞으며
찾아올까
기다려진다

유리창에 살며시
흘러내리는 그리움
가슴으로 맞이하기엔
너무나 잔인한
세월이다.

무명용사의 영전에

빛 바랜 영정이 덩그러니 놓여 있다
누렇게 퇴색된 영안실
희미한 백열등만 허리 굽은
조문객을 맞고 있다

그 많고도 많은 국화송이 하나 없이
실핏줄처럼 가느다란 향초만이
쉴 곳 찾아 헤매는 영혼을 위로하는 영안실

한때는 비오듯 퍼붓는 적탄 속에서도
한치의 내 땅 빼앗길 수 없다는 결의 속에
조국만을 가슴 깊이 품어 왔던
무명의 용사들

"낙동강아 흘러가라 우리는 전진한다"며
창 터진 군화끈을 조여매던
당신들의 노래
민족의 한이 되어 산천에 메아리치고

토막난 화랑 담배 연기에 취해
멍하게 바라보던 당신들의 동공
머물 곳마저 잃었구나

이제 태극기 이불 삼아
먼길 나서는 당신들에 줄 마지막 선물은
통일된 조국의 모습
오직 그것 하나뿐.

망구望九의 망루望樓에 서서

망구의 망루에 서서
지나온 삶의 역정을
반추해 본다

추억의 아픈 그림자
깊게 가라앉은 과거
후회될까봐 기억의
갈피속에 묻어 둔다

망구의 망루에 서서
남겨진 세월의 편린
감각 무딘 손 끝으로
더듬어 본다

팔십 평생 쌓아온 지혜와 경험
얼기미로 걸러내니
너무도 안타까운 모래성이다

망구의 망루에 서서
눈부신 아침 햇살 안으며
남은 세월 삶의
미로를 찾는 도전에
마지막 노욕 투자하고 싶다.

빈잔에 못다한 우정을

임자 잃은 빈 술잔
외롭게 누워 있다

잔들이 마음 나누며 별 헤이던 친구
흩어진 낙엽 밟으며 말없이 돌아선
뒷모습 눈앞에 아릿한데

친구여 잔잔한 그대 미소
어디에서 찾아볼까

창문 스치며 하염없이 흩날리는
낙엽 사이로 웃음 안고
들어설 것만 같은 예감

기쁠 때에도 외로울 때에도
가장 먼저 생각나는 그리운 얼굴

때로는 거꾸로 가는 세상 한탄하고
고뇌의 인생길 가슴저려 하며
분노의 잔들고 아픈 가슴 달랬지

사계절 중 봄과 가을은 짧아서
더 아름답다 했거늘 친구와 이승인연
짧기에 더 가슴 저려오는가

언젠가 두 손 흔들며 다시 만나게 되는 날
다 채우지 못한 빈잔에 못다한 우정
꽃 피우리라.

* 다정한 친구 먼저 보내며

빗소리 소고小考

봄에 내리는 빗소리는
처음 햇빛을 보는
새 생명의 해맑은
웃음소리요

여름에 쏟아지는 빗소리는
인생사 두 어깨 짊어진
젊음의 심박동 소리

가을에 소슬히 내리는 빗소리
삶의 쓴맛 단맛 뱉어내는
초로인생 한맺힌 가락이요

겨울에 숨어 내리는 빗소리는
흐른 세월 고뇌 안고
붉게 물든 저녁 노을
수채화로 담아내는
붓 흐르는 소리인가.

세월을 앞세우고

여보게 친구여!
우리 목화꽃 한 아름 머리에 얹고
한발 한발 더듬거리며
황혼길 걸어가는
초로인생이 되었네그려

겁 없이 달려온 지난 세월
엊그제 같은데
지금 우리 앞엔 천길 낭떠러지가
기다리고 있지 않은가

여보게 친구여!
지금까지 앞만 보고 서둘러 달려왔으니
이제부턴 세월을 앞세우고
쉬엄쉬엄 살아가세나

천하일색 양귀비도 37세에 시들었고
천 년 영화 누리려던 진시황도
50세에 귀천하지 않았던가

우리 이제 산수를 훌쩍 넘어섰으니
천수를 누린 것이 아니라면
지나친 욕심 아닐까

여보게 친구여!
탐욕도 아집도 질투도 내려놓고
좋은 것만 생각하고
좋은 것만 바라보고
좋은 소리만 듣고
좋은 말만 하면서
무심히 떠도는 구름에 걸터앉아
바람 부는 대로 미련없이 흘러가는 게
순리 아니겠나

여보게 친구여!
잘 있지
별일 없지
건강하지

언제 한번 만나 식사라도 하세 하며
카톡이라도 주고 받는
여유만은 가져야 되겠지

여보게 친구여!
오늘 이 네 가지 수식어를
친구에게 보내는 것이
나의 유일한 행복이라오
내일도 모레도….

오늘이 마지막일지라도

온갖 애환 가득 담은
삶의 배낭 짊어지고
흰머리 굽은 허리 그림자 남기며
험한 세상 돌고 돌아
산허리에 올라서니
깎아지른 인생고개
눈앞에 우뚝 섰구나

가슴 멎는 가쁜 숨 몰아쉬며
검푸르게 멍든 육신 지팡이에 맡긴 채
기억 조차 가물거린
팔십고개 돌아보니
가시덤불 멍든 과거
눈앞에 아련하다

어차피 가야 할 운명
식은 땀 흠뻑 젖은
인생 배낭 고쳐 메고
정상 향해 터벅터벅 걸어간다

가는 길 미움, 욕심 내려 놓고
마음 주고 정 뿌리며
점점 가까워지는 파란 하늘에
웃음꽃 날려 보내리라.

〈평 설〉

서정적 이미지의 지고지순한
연보랏빛 시화詩化

- 조영송 시인의 첫 시집

《연보랏빛 그리움》을 읽고

장 철 주
(문학평론가,「현대작가」주간)

1. 우리 시대가 배출한 싱그러운 서정시인

문학평론은 평론가들의 탐구 방법에 따라 여러 가지로 선택될 수 있다. 예를 들어 시인의 젊은 시절이나 고향 등을 말할 수 있으며, 특별한 취미나 버릇 같은 것을 이야기할 수도 있다. 시인이 좋아하는 시어나 표현 방법을 살펴볼 수도 있으며, 또는 형용사나 부사 등 여러 품사들의 사용 빈도 등으로 탐구해 확인해 볼 수도 있다.

그런가 하면 독자의 입장에서 독서 행위의 현상학을 탐구할 수도 있으며, 시작품을 사회적 갈등의 상황과 결부시켜 볼 수도 있다. 그러나 어떠한 방식 한 가지를 선택하거나, 절충적 방식을 선택하든지간에 정독, 곧 꼼꼼한 읽기는 어떤 경우에도 필수적인 것이다.

전통 서정시는 과거에 대한 회감(回感, erinnerung)과 일인칭의 고백에 의하여 자기통일성을 확보한 시인의 목소리로 가정되었다.

이처럼 시작품을 시인의 내적 경험으로서의 자기 고백이나 감정의 자연스러운 유로流路로 정의할 때 시작품에서 말하는 주체는 시인과 동일시되고 있다.

하늘과 땅 사이
평생을 건너가는 세월 강
가다가 힘들면
돈도, 명예도, 사랑도, 미움도
모두 다 내려놓자
그리움은 접어도 그리움인가

태어나면서
누구나 건너야 할
숙명의 세월 강
때로는 정을 주고
때로는 증오의 눈길 보내며
비바람 눈보라 안고
미련 없이 흘러만 간다

성난 파도가 춤추며
어서 오라 유혹하는
세월 강 속내 그 누가 알까

건너간 사람
건너가는 사람
건너야 할 사람
다시는 돌아오지 못하는
세월 품고 흘러가는
운명의 강
마음 비우고 후회 없이 건널 수밖에

한번 흘러간 물은 다시는 그 자리에
돌아오지 않음이 철칙이거늘
세월은 역행하지 않고
자신의 비굴함 없이

강 건너 등불 점점 가까워지는데
빈 가슴 쓸어내리며
내가 선택한 아픈 사랑의 역사
싣고 가는 돛단배이고 싶다.

- 시 〈세월 강·1〉 전문

너무
너무나 멀리 와 버렸구나

미련도 후회도 없이
물보라 남긴 채
뱃고동 여운 아쉬움 남기고
무작정 달려왔다

멀리 왔다 한들
이제 와서 누구를 탓하랴
건너온 강물 뒤돌아보면
아득히 추억만 보이는데

〈중 략〉

세월 강 건널 땐 나만 보였는데
강 건너 등불 가까워지니
흘러간 강물 그리움되어
눈시울 적신다

부질없는 욕심
강물에 모두 씻어버리고
눈앞에 그 끝이 보이는 세월 강
서둘지 않고 출렁이는 강물과 하나되어
도란도란 옛 얘기 나누며
바람 따라 물결 따라 노 저어 가고 싶다

너무 멀리 왔다는 푸념
지우개로 깨끗이 지우고
더 멀리
한없이 더 멀리 노 저어 가고 싶다
바람이 불고 구름이 흐른다.

- 시 〈세월 강 · 2〉 부분

  삶이라고 하는 것은 어느 한 개인의 삶뿐만이 아니라 다른 사람의 삶이기도 하며, 동시에 역사와 전통의 세계이기도 하다.
  그 때문에 우리는 문학작품에 반영된 시정신과 역사의식을 통하여 조영송 시인의 삶의 내용과 그 생생한 전개 과정을 구체적으로 알아보려 하는 것이다.
  이런 관점을 바탕으로 볼 때, 위에 인용한 〈세월 강 · 1〉과 〈세월 강 · 2〉, 그리고 〈새벽길〉 〈황혼 연가〉 〈나목〉 등을 통해서 조영송 시인은 우리 시대가 배출한 빼어난 서정시인의 한 사람임을 확인할 수 있었다.
  삶의 중심이 빠진 이른바 탐미주의적 서정시의 관습을 근본에서부터 자못 뒤집어 엎는, 새롭고도 싱그러운 돌풍이자 격랑과도 같은 것이 조영송 시인의 시작품이었기 때문이다. 필자가 요즈음 접한 대다수의 시작품들이 경박한 주지주의, 이질적인 로맨티시즘, 독특한 기교주의 등의 작품들이 많아서인지도 모르겠다.
  적어도 조영송 시인의 첫 시집 《연보랏빛 그리움》은 초현실주

의나 실존주의 또는 다다이즘 따위가 마구 흩뿌려대는 치기만만함이랄까, 애매몽롱한 느개 같은 것, 무책임한 언어의 장난이나 희롱 따위는 조금도 찾아볼 수 없었다.

  조영송 시인은 이 첫시집에서 서민적인 소재, 서민적인 전통 가락, 서민적인 운율, 서민적인 시어詩語라는 문학보편주의의 원리를 철저히 지키며, 마치 탐스러운 갈기를 의기양양하게 나부끼는 한 마리 적토마처럼 우리 무덤덤한 시단의 드넓은 벌판에 늠름하게 나타난 것이다.

2. 고향, 어머니, 죽마고우를 노래한 미적美的 예술성

    구름은 흘러가다
    목말라 머무는 곳
    저녁 노을 붉어지면 굴뚝에
    주름살 깊게 패인
    어머니 모습 아련하다

    아궁이 불씨 꺼질세라
    호호 불던 어머니 가슴
    금세 타버린 재가 되어
    눈가에 얼룩진다

    이맘때면 서울 간 자식이

낡아 비뚤어진 싸리문 살며시 밀고
금방 들어설 것 같은 예감 때문에

밥 타는 줄 모르고 불만 지피던 어머니
"아이고머니나, 밥이 다 타가네…"
솥뚜껑 밀어 여는 소리
구수한 밥 탄 내음이
눈물과 땀으로 뒤범벅된
어머니 얼굴…

소리 없이 들어선
아들의 모습이 파노라마 되어
어머니의 깊게 패인 주름 아래
눈물 젖은 미소가
연보랏빛 그리움으로
흘러내린다.

- 시 〈연보랏빛 그리움, 어머니〉 전문

온 종일 담벼락 기대어
긴 여름밤 짧은 꿈 속에
고독을 가슴 언저리에
묻어둔 연민의 꽃이름
능소화

담 넘어 그리운 님 사모하며
설익은 꽃잎으로 떨어지는
비련의 여인

〈중 략〉

검게 멍든 가슴
주홍색 물들이며
하염없이 흘러가는 젖은 구름
다시 만날 그리움
눈물 속에 그려보는 능소화.

- 시 〈능소화 연민〉 부분

이른 새벽
수평선 박차고 솟아오르는
여명은 아버지
심장이다

땅거미 움켜쥔
지평선 불그스레한 얼굴
저녁 노을은 어머니
가슴이다

동해바다 저 멀리 수평선 위로
뜨거운 피 포효하는 일출

젊음의 구가 귓가에 맴돈다

온갖 곡식 철들어 고개 숙인 들녘
어머니 가슴 닮은 저녁 노을
두 팔 벌려 안으려 함은
사모의 그리움인가.

- 시 〈여명 저녁 노을〉 전문

잡초는 외롭지 않다
그 누가 거들떠 보지 않아도
홀로 뿌리내리며 스스로 살아가는
강인한 생명줄이 있다

때로는 무참히 밟히면서도
차디찬 뭇 시선 속에서도
오뚜기처럼 다시 일어설 수 있는
열정이 있다

버려진 땅에서도
철벽 콘크리트 틈새에도
오직 한 줄기 빛을 향해
온몸을 바친다

〈중 략〉

잡초는 때론 손발이 잘려지고
가냘픈 허리 비틀려져도
찬란한 햇빛과 한 줄기 생명수가 있는 한
다시 생명을 잉태할 수 있는
분노가 있기 때문이다

잡초는 외롭지 않다
뭇 인간들의 외면 속에서도
끈질긴 인내와
강인한 생명력과
내일을 기약하고
뜨거운 분노가 있기 때문이다

나는 잡초가 되고 싶다.

- 시 〈잡초의 혼〉 부분

조영송 시인은 '시인의 말/기억의 편린 더듬어'에 이렇게 머리말을 기록해 놓았다.

"사람들은 자신을 나타내고 삶의 흔적을 남기고 싶어하는 본능을 가지고 있는 것 같다.〈중략〉

나이는 숫자에 불과한 것이라며 나이 듦을 자위해 왔으나 숫자가 높아질수록 일상이 다소 어눌해짐을 속일 수는 없다.

고향의 붉은 저녁 노을, 부모님 이마에 깊이 새겨진 세월의 흔적, 철없던 친구들의 소박한 웃음이 생각날 때마다 여기저기 치부해 놓았던 기억들…"〈하략〉

시인의 말을 보아도 알겠지만 조영송 시인의 시 바탕에는 고향, 세월, 어머니, 저녁 노을, 죽마고우들, 소박한 웃음, 그리움, 기다림 등이 깊게, 넓게 깔려 있음을 알 수 있다. 이러한 고향과 부모님을 비롯한 그리움과 기다림은 오랜 세월 동안 자신의 체질에 맞는 시적 정서를 효모화시키는 역할을 하였다고 본다.

이 미학적 누룩은 우리 문단의 서구적 난해시에 말똥말똥하던 시독자들을 아름답게, 싱그럽게, 멋들어지게 서서히 취하게 만드는 효모 역할을 할 것이다.

구름 흘러가는 곳, 저녁 노을, 굴뚝, 주름살, 어머니 모습, 아궁이, 불씨, 눈가, 싸리문, 솥뚜껑, 구수한 밥 내음, 눈물과 땀, 담벼락, 꿈, 고독, 연민, 임, 설익은 꽃잎, 비련의 여인, 멍든 가슴, 주홍색, 하염 없음, 젖은 구름, 새벽, 수평선, 여명, 땅거미, 지평선, 뜨거운 피, 일출, 곡식, 들녘, 사모의 그리움, 잡초, 뿌리, 강인한 생명줄, 차디찬 뭇 시선, 오뚜기, 버려진 땅, 절벽, 한 줄기 빛, 가냘픈 허리, 햇빛, 생명수, 잉태, 분노, 외면, 인내, 기약 등, 조영송 시인이 자주 사용한 시어詩語만 살펴보아도, 조 시인은 서민적, 민중적, 역사적, 민족적 정서를 거의 완벽에 가깝게 통합시킨 모습으로 시작품을 빚었음을 파악할 수 있다. 우리는 이 점을 높이 경하敬賀드린다.

적절한 길이의 행行과, 그 행들의 들고 남, 규칙성이 느껴지는 시의 리듬 등을 조영송 시인은 알 듯 모를 듯 가슴 깊이 간직하고 있다. 절제와 여유를 근간으로 하는 유장한 율동 속에 차분한 생각과 안정된 정서를 표출한, 유니크한 시인이 바로 조영송 시인인 것이다.

  시간으로서의 길이와 공간으로서의 위치가 반복되면서 발생하는 시작과 회귀의 운동성이 없다면 리듬도 없는 법이다. 동일성을 유지하는 절대적인 반복이란 존재하지 않는다. 반복에는 새로운 것이 끼어들기 마련이어서, 시적詩的 신선함을 생산하기도 한다. 조영송 시인은 이 모든 것을 체질적으로 감지하고 있는, 어쩌면 타고난 즉흥시인이라고 할 수도 있겠다.

3. 거룩한 애국 애족의 뜨거운 조국 연가

    전쟁 속의 영웅은 잠시 잠깐이나
    역사 속의 영웅은 영원불멸한 것,
    당신의 가슴에 각인된 영웅 메달
    그 속에 녹아내린 모든 명예는
    오직 당신의 것입니다

    조국의 영원한 민족의 안녕을
    기원한 당신 불굴의 징표입니다
    원한에 부릅뜬 눈, 세월에 묻으시고
    당신을 향한 거룩한 합장 들으소서

조국 분단의 아픔 안고 자유 평화
수호신으로 송두리째 젊음 바치신
당신의 거룩한 희생, 후세 만만대
가슴에 눌러 삼키며 국화꽃 한 아름
가시는 길에 묻으렵니다

이승에서 이별은 저승의 만남을 기약하는 것
쓰라린 고통, 처절했던 고독일랑
세월 강에 띄워 버리시고
개나리 진달래 활짝 웃으며
당신 영접하는 새봄 앞세우고
편히 가시옵소서

후회 없이 편히 쉬소서
눈물 감추시고 미소만 남기소서.

* 2025. 3. 17. 선양단 행사 자작시 낭송

- 시 〈모든 명예 당신의 것〉 전문

빛 바랜 영정이 덩그러니 놓여 있다
누렇게 퇴색된 영안실
희미한 백열등만 허리 굽은
조문객을 맞고 있다

그 많고도 많은 국화송이 하나 없이
실핏줄처럼 가느다란 향초만이

쉴 곳 찾아 헤매는 영혼을 위로하는 영안실

한때는 비오듯 퍼붓는 적탄 속에서도
한치의 내 땅 빼앗길 수 없다는 결의 속에
조국만을 가슴 깊이 품어 왔던
무명의 용사들

"낙동강아 흘러가라 우리는 전진한다"며
창 터진 군화끈을 조여매던
당신들의 노래
민족의 한이 되어 산천에 메아리치고
토막난 화랑 담배 연기에 취해
고향 하늘 바라보던 당신들의 동공
머물 곳마저 잃었구나

이제 태극기 이불 삼아
먼길 나서는 당신들에 줄 마지막 선물은
통일된 조국의 모습
오직 그것 하나뿐.

- 시 〈무명용사의 영전에〉 전문

열풍이 밀려드는
이역만리 낯선 땅
내가 진정

그리워하고 사랑하고
목 터져라 불러보고 싶은 그 이름은
오직
대한민국이라는 존엄과
부모 형제들의 끈끈한 정이었습니다

〈중 략〉

낯익은 야자수와 바나나 엉클어진 들녘
자유와 정의를 위해 산화한 전우들의
떠도는 넋을 달래는 진혼곡이
마음 아리게 합니다
전쟁과 우정이 한데 얽혀
정글 누빈 지 어언 일년
고국으로 돌아가라는 귀국명령에
전우들의 포효, 가슴에
담아 오렵니다.

- 시 〈귀국명령 '신고합니다'〉 부분

당신들이 있었습니다
화염이 엉클어진 정글 속에서도
포탄에 무참히 무너진 집들
모퉁이를 지날 때에도
우리에게는 당신들의 훈훈한

가슴이 있었습니다

〈중 략〉

달빛 없는 밤이어도 좋았습니다
포성이 고막을 찢는 낮이어도
좋았습니다

우리에게는 목놓아 울어 볼 수 있고
소리쳐 불러 볼 수 있는
사랑하는 조국과 당신들이
있기 때문입니다.

- 시 〈조국에 사은〉 부분

이름 모를 산새들 구슬픈 울음소리
새끼 찾아 헤매는 들짐승 절규
모두 다 묻어버리고
흰구름 하염없이 흘러가는 이곳
평화의 댐 중턱
당신들은 누워 있습니다

자유 평화 수호신으로 조국 분단의
아픔 안고 젊음을 초개같이 버린 당신들
그 늠름했던 모습 찾을 수 없으나

이름도 계급도 세월에 씻긴 채 외롭게 서 있는
이끼 낀 비목엔 당신들의
숭고한 얼이 숨쉬고 있습니다

당신들이 남긴 거룩한 희생
후세들 가슴 속 깊이 눌러 삼키며
국화 한 송이 보듬어 올립니다.

        * 2018. 평화의 댐 중턱, 무명용사 비목에서
– 시〈이끼낀 비목〉전문

 시인은 만들어지는 것이 아니라 타고나는 것이라 했다. 신내림을 거부하면 신병을 앓듯, 시인으로 타고난 사람은 세상의 잡다한 일에 빠져 생활하다가도 뮤즈의 신과 만나 결국에는 문인의 길에 들어서는 것을 많이 보았다.
 조영송 시인은 명문 고려대학교 정치 외교학과를 졸업하고 평생을 저명한 경제신문사에서 언론인으로 살아왔지만, 젊은날에는 ROTC 장교로서 월남전에 참전하여 조국 연가를 부른 늠름한 군인이기도 하였다.
 시인으로 등단이 늦은 편이었지만 조영송 시인은 젊은날부터 수많은 애국 애족의 시작품을 빚어온 타고난 시인이었던 것이다.
 '조국의 영원함, 민족의 안녕' '자유 평화 수호신' '거룩한 희생' '영혼을 위로하는 영안실' '퍼붓는 적탄 속' '무명의 용사들' '낙동강아 흘러가라 우리는 전진한다' '민족의 한' '화랑 담배 연기' '통일된 조국의 모습' '대한민국이라는 존엄' '떠도는 넋' '전우들의 포효' '화염이 엉클어진 정글' '고막을 찢는 포성' '사랑하는 조국' '조국 분단의 아픔' '이끼 낀 비목' '거룩한 희생' 등등, 시어들만 살펴보아도 조영송 시인의 애국 애족의 조국 연가를 우리는 뜨겁게, 가슴 깊이, 경건하게 받아들일 수밖에 없겠다.

　조영송 시인의 첫 시집 상재上梓를 경하드리며, 갈수록 각박해지는 이 땅에 더욱더 밝고, 맑고, 훈훈한 시작품을 많이 보여주시기를 부탁올린다.

조선조 초 문신들이 독서와 사색을 즐기기 위해 지은 정자 만휴정(晩休亭) 가는 길목의 포토존에서 인증샷을 하고 있는 조영송 시인과 부인 정옥석 씨(2024년 11월 27일 경북 안동에서)

큰딸, 둘째딸, 셋째딸 가족들과 아들 내외와 함께

정옥석(鄭玉錫)

숙명여대 응미과 졸업
홍익대교육원 회화, 아동미술교육 이수
학원사 편집기자
청파회 회원
NOHO 갤러리 뉴욕전
국제화우 회원
한·중 국제작가전 등 국내외 전시회 참여
한국미술협회 회원(현)

5월의 스케치

                정 옥 석

가냘픈 꽃눈에 용기를 주고
젊은 태양은
뜬 눈으로 날을 지킨다
충만된 꽃들의 빛깔은
반짝이는 파도에 떨고
뒤뜰에 깔린
여름의 과목들은
아직은 숨소리뿐
정오가 샛잠을 청할 땐
날으는 원 속에서
한없는 사람의 꿈을 속삭이고
은빛배에 실려 온 바다 내음은
터질 듯이 여문 여름을 전해 온다
빛이여
너는 미래로 우리를 쫓는다
기쁨도 사랑도
꿈도
…

연보랏빛 그리움

지은이 | 조영송

1판 1쇄 발행 2025년 5월 13일

펴낸이 | 길명수
펴낸곳 | 배문사
출판등록 1989년 3월 23일, 제10-312호
주소 서울시 서대문구 경기대로 76
전화 (02)393-7997
e-mail pmsa526@empas.com

편집 인쇄 삼중문화사

ⓒ 조영송 2025

ISBN 979-11-989654-5-5 (03810)

값 12,000원

* 낙장 및 파본은 교환하여 드립니다.